F. Isabel Campoy

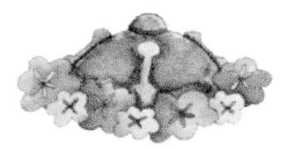

Alma Flor Ada

Celebra el Halloween y el Día de Muertos
con Cristina y su conejito azul

Ilustrado por **Ivanova Martínez**

loqueleo

Es Halloween. Daniel y sus amigos Martin y Nick saldrán juntos a pedir caramelos. Pero antes, hay que ponerse los disfraces, ¡por supuesto! Los tres amigos se van a disfrazar juntos en casa de Daniel. ¡Este Halloween será muy divertido!

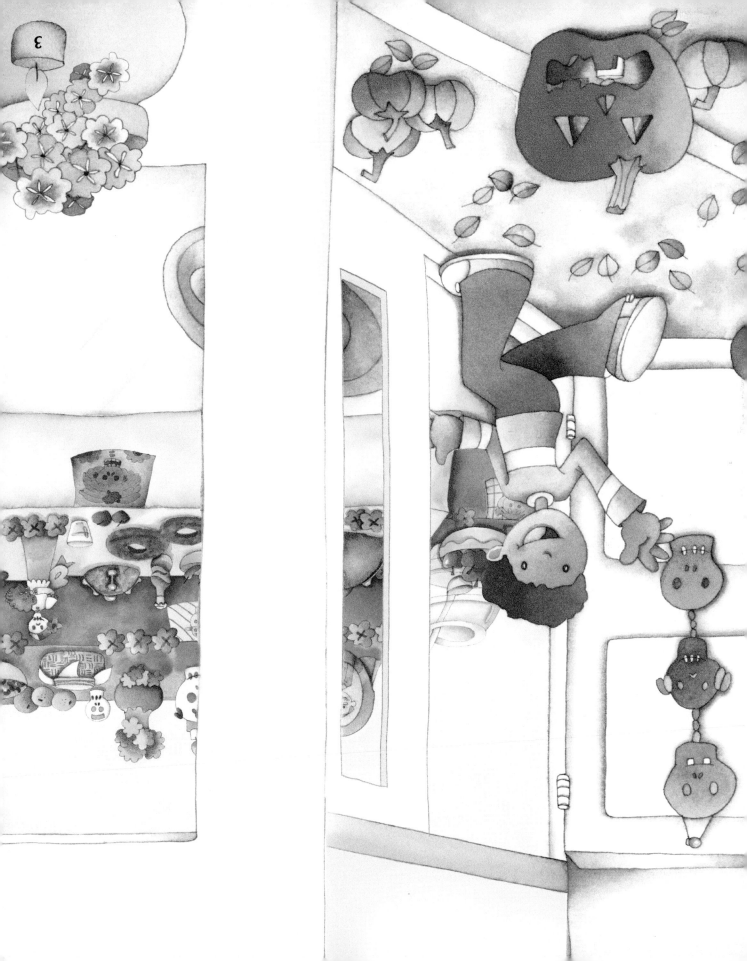

—¿Quiénes son los de las fotos? —pregunta Martin lleno de curiosidad.

—Son mis abuelos —explica Daniel—. Para el Día de Muertos mi mamá siempre hace un altar para recordarlos.

—¿Y para qué es toda esta comida? —pregunta Nick.

—Dicen que los muertos vienen a visitarnos, y hay que darles algo de comer —añade Daniel.

—¡Ay, qué miedo! —gime Martin.

—¡Espera a que veas mi disfraz! —ríe Nick—
Eso sí que te va a dar miedo.

—¿Qué pintas? —le pregunta Daniel a su hermanita, Cristina.

—Mi conejito azul —dice Cristina en una voz muy baja.

—¿Aún no lo has encontrado? —pregunta Daniel.

—No. Mi conejito se ha perdido. Ya no lo veré más —añade Cristina con tristeza.

—Traje más calaveras de azúcar para
adornar el altar —dice el padre de Daniel
y Cristina.

—Ahora necesitamos unas flores blancas para poner
junto al dibujo del conejito —dice la madre.

—Mi conejito se ha perdido, papá. Ya no lo veré más
—explica Cristina.

—Piensa en algo que le guste mucho a tu conejito, y lo ponemos también en el altar —sugiere el papá.

—Yo sé que estás muy triste, pero si tienes a tu conejito en tu corazón lo llevarás contigo a todas partes —dice la mamá—. Anímate, mi cielo. Anda, disfrázate, y vamos a pedir caramelos.

9

—¡Hacer los disfraces es más divertido que comprarlos!
—dice Nick— ¿Verdad que les da mucho miedo mi esqueleto?

—A mí no me da miedo. ¡Soy un pirata muy valiente!
—exclama Martin.

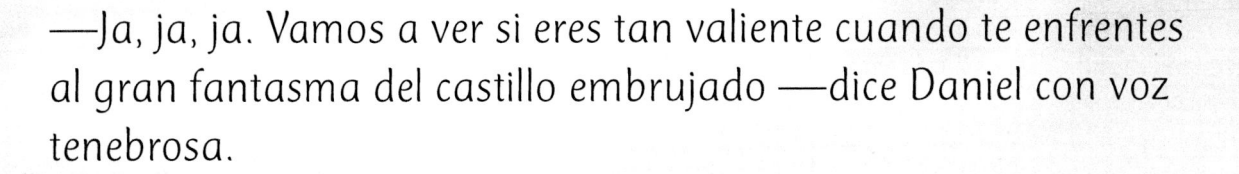

—Ja, ja, ja. Vamos a ver si eres tan valiente cuando te enfrentes al gran fantasma del castillo embrujado —dice Daniel con voz tenebrosa.

"Mi conejito se ha perdido. Ya no lo veré más.
Pero si lo tengo en mi corazón, puedo llevarlo
conmigo a todas partes…"

—¡Espérenme! Ya estoy lista. ¡Y mi conejito azul
me va a acompañar!

¿Qué son el Halloween y el Día de Muertos?

¡**N**o te asustes! Las personas de las fotografías están celebrando Halloween y el Día de Muertos. Éstas son dos fiestas muy especiales. La gente celebra con alegría y humor cosas que pueden dar miedo o tristeza.

Halloween se celebra la noche del 31 de octubre. Es una tradición que nació hace muchísimo tiempo, en Europa. Se creía que este día los espíritus malvados venían a la tierra a hacer travesuras. La gente se disfrazaba para alejar a estos espíritus.

Hoy, Halloween se celebra en muchas partes del mundo.

En Halloween se hacen desfiles y fiestas de disfraces.
Los niños salen a pedir golosinas de puerta en puerta.
Muchos se disfrazan de brujas, fantasmas y monstruos.
¡Pero en realidad te puedes disfrazar de lo que quieras!

La calabaza hueca es el símbolo del Halloween.
A veces, les ponen velas o luces por dentro. ¿Alguna
vez has visto estas calabazas en las ventanas y las
escaleras?

Para esta fiesta, todo se decora de color naranja
y negro. Éstos son los colores del Halloween.

El Día de Muertos, o Día de los Fieles Difuntos, es el 2 de noviembre. Ese día se recuerda con cariño a los seres queridos que han muerto.

Esta fiesta se celebra en todo el mundo hispano. En México y entre los mexicoamericanos, ésta es una tradición muy importante que se festeja en grande. Para muchos de ellos la celebración comienza desde el 31 de octubre.

El Día de Muertos, mucha gente visita los cementerios. Limpian y decoran las tumbas de sus seres queridos.

Algunos pasan el día y la noche junto a las tumbas. Allí rezan, comen, escuchan música y en la noche encienden velas.

En México y en las ciudades de Estados Unidos donde hay muchos mexicoamericanos, las tiendas y las casas se decoran con graciosos esqueletos.

En las casas se hacen altares dedicados a los muertos de la familia. Son mesas en donde se ponen las fotos de estas personas y sus bebidas y comidas favoritas. Se adornan con papel de colores, flores, velas y calaveritas de azúcar.

En las panaderías se hornea "pan de muerto", unos panecillos adornados con "huesos" hechos de la misma masa. Estos panes también se ponen en el altar. Al final del día, la familia se reúne para comerse todas estas delicias.

En otras partes del mundo se celebran fiestas parecidas al Halloween y el Día de Muertos.

En Gran Bretaña, el 5 de noviembre se celebra el Día de Guy Fawkes. La fiesta se hace por la noche.

Como en Halloween, mucha gente se disfraza. También se hacen fogatas. ¡Y todos disfrutan con fuegos artificiales!

En la India, a comienzos del invierno, se celebra
Diwali, o el Festival de las Luces. En esta fiesta se
encienden velas en las casas y en las calles. Por
la noche, los fuegos artificiales alumbran el cielo.

Como en Halloween y el Día de Muertos, en Diwali
se regalan dulces. ¡Y niños y grandes se divierten
por igual!

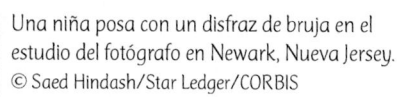
Una niña posa con un disfraz de bruja en el estudio del fotógrafo en Newark, Nueva Jersey.
© Saed Hindash/Star Ledger/CORBIS

Dos niñas posan con sus disfraces de Halloween.
© Royalty-Free/CORBIS

Familias visitando el cementerio el Día de Muertos en Actatlán, México.
© Liba Taylor/CORBIS

Exposición de decoraciones con motivo del Día de Muertos en México, D.F., México.
© Servin Humberto/CORBIS Sygma

Dos pequeños disfrazados reciben caramelos en Halloween.
© Ariel Skelley/CORBIS

Cinco pequeños disfrazados de fantasmas en Halloween.
© Nancy Brown/CORBIS

Un grupo de niños con disfraces variados salen a pedir caramelos juntos en Halloween.
© Ariel Skelley/CORBIS

Casa decorada para Halloween en Westfield, Nueva Jersey.
© Sarah Rice/Star Ledger/CORBIS

Calabazas huecas iluminadas decoran la entrada de una casa en Halloween.
© Randy O'Rourke/CORBIS

Exposición de calabazas huecas en el Festival de la Calabaza en Keene, Nueva Hampshire.
© Eric Freeland/CORBIS SABA

Un grupo de amigos tallan una calabaza con un diseño de Halloween.
© Jose Luis Pelaez, Inc./CORBIS

Exposición de calabazas huecas en Lynnwood, Washington.
© Philip James Corwin/CORBIS

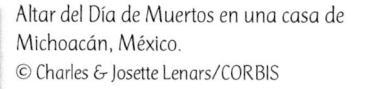
Altar del Día de Muertos en una casa de Michoacán, México.
© Charles & Josette Lenars/CORBIS

Tres mujeres decoran la tumba de un ser querido el Día de Muertos en Michoacán, México.
© Danny Lehman/CORBIS

Una anciana vela la tumba de un ser querido en la noche del Día de Muertos en Michoacán, México.
© Danny Lehman/CORBIS

Esqueleto de papel maché, una decoración típica del Día de Muertos, en Oaxaca, México.
© Lindsay Hebberd/CORBIS

Decoración del Día de Muertos en un portón de Los Ángeles, California.
© Richard Cummins/CORBIS

Un elaborado altar del Día de Muertos en un hogar mexicoamericano de Estados Unidos.
© George Ancona

Una niña ayuda a su maestra a decorar un altar para el Día de Muertos en la Escuela César Chávez, en San Francisco, California.
© George Ancona

Calaveritas de azúcar, dulces típicos que se regalan el Día de Muertos.
© Paul C. Pet/zefa/CORBIS

Fuegos artificiales en el Día de Guy Fawkes en Somerset, Inglaterra.
© Michael St. Maur Sheil/CORBIS

Dos niños juegan con velitas de bengala en el Día de Guy Fawkes en Inglaterra.
© Yiorgos Nikiteas; Eye Ubiquitous/CORBIS

Una mujer hindú enciende lamparitas de aceite durante la fiesta de Diwali en Bangalore, India.
© Manjunath Kiran/epa/CORBIS

Un grupo de niñas de la comunidad sij encienden velas durante la fiesta de Diwali en Nueva Delhi, India.
© Tom Pietrasik/CORBIS

Celebrar y crecer

A lo largo de la historia y en todas partes del mundo, la gente se reúne para celebrar aniversarios históricos, conmemorar a alguna persona admirable o dar la bienvenida a una época especial del año. Detrás de toda celebración está el reconocimiento de que la vida es un don maravilloso y que el reunirnos con familiares y amigos produce alegría.

En una sociedad multicultural como la estadounidense, la convivencia entre grupos tan diversos invita a un mejor conocimiento de la propia cultura y al descubrimiento de las demás. Quien profundiza en su propia cultura se reconoce en el espejo de su propia identidad y afirma su sentido de pertenencia a un grupo. Al aprender sobre las culturas ajenas, podemos observar la vida que se abre tras sus ventanas.

Esta serie ofrece a los niños la oportunidad de aproximarse al rico paisaje cultural de nuestras comunidades.

Halloween y el Día de Muertos

Todas las culturas tienen ritos para recordar a sus antepasados. El Día de Muertos, en nuestros países, solíamos hacer luminarias flotantes llenando cáscaras de nuez con cera y un pabilo. En una vasija llena de agua, poníamos una de estas velitas por cada persona que había muerto en la familia. También poníamos flores junto a sus fotos y era tradicional comer unos dulces especiales llamados "huesos de santo".

En Mill Valley, California, la fiesta de Halloween es muy divertida. Las nietas de Alma Flor vienen desde Santa Clara a celebrarla con nosotras. Lo sorprendente es que al otro lado del Atlántico, en España, Pablito, sobrino de Isabel, también ha aprendido en su clase de kindergarten a celebrar el "jaloguin", como le dijo a Isabel este año.

F. Isabel Campoy y Alma Flor Ada

*A Paula Orrego, que será una gran autora,
y a Alicia Gutiérrez, que sabe celebrarlo todo y bien.
FIC & AFA*

loqueleo

© This edition:
2019 by Vista Higher Learning, Inc.
500 Boylston Street, Suite 620.
Boston, MA 02116 3736
www.vistahigherlearning.com

Text © 2006 Alma Flor Ada and F. Isabel Campoy

Editor: Isabel C. Mendoza
Art Director: Mónica Candelas
Production: Cristina Hiraldo

Loqueleo is part of the **Santillana Group**, with offices in the following countries:
ARGENTINA, BOLIVIA, CHILE, COLOMBIA, COSTA RICA, DOMINICAN REPUBLIC, ECUADOR,
EL SALVADOR, GUATEMALA, MEXICO, PANAMA, PARAGUAY, PERU, PUERTO RICO, SPAIN,
UNITED STATES, URUGUAY, AND VENEZUELA

Celebra el Halloween y el Día de Muertos con Cristina y su conejito azul
ISBN: 978-1-63113-874-4

Published in the United States of America.

2 3 4 5 6 7 8 9 GP 24 23 22 21 20 19

Library of Congress Cataloging-in-Publication Data

Campoy, F. Isabel.
        Celebra el Halloween y el Dia de Muertos con Cristina y su
conejito azul / F. Isabel Campoy, Alma Flor Ada; ilustrado por Ivanova
Martinez.
        p. cm. — (Cuentos para celebrar)
        Summary: Even though Cristina has lost her blue bunny, she can
still enjoy Halloween and the Day of the Dead by thinking about her favorite
toy. Includes facts about Halloween and the Day of the Dead.
        ISBN 1-59820-120-4
        1. Halloween—Juvenile fiction. 2. All Souls' Day—Juvenile fiction.
[1. Halloween—Fiction. 2. All Souls' Day—Fiction. 3. Lost and found
possessions—Fiction. 4. Spanish language materials.]   I. Ada, Alma Flor. II.
Martinez, Ivanova, 1973-   , ill. III. Title.

PZ73.C34523 2006
[E]—dc22   2006022218